la colère de prier

Du même auteur aux Éditions du Cerf

Théodom 1 : introduction à la théologie (2019)
Théodom 2 : histoire(s) d'Église (2019), avec Maxime Arcelin et Clémentine Bourdin
Tu éclaires ma nuit (2021)

Du même auteur chez d'autres éditeurs

Chambre avec vues précédé de *Arguments pour un graveur* (Cheyne, 2020)
Ce qui pousse la langue (Cheyne, 2024)

GRÉGOIRE LAURENT-
HUYGHUES-BEAUFOND

LA COLÈRE DE PRIER

LES ÉDITIONS DU CERF

Nihil obstat
P. David, o.p.
J.-B. Rauscher, o.p.

Imprimi potest
Paris, le 25 septembre 2024
N. Tixier, o.p.
Prieur provincial

www.editionsducerf.fr
24, rue des Tanneries
75013 Paris

ISBN 978-2-204-16518-1

À mes parents, frères, sœur et beau-frère ;
aux moniales dominicaines de Chalais,
d'Orbey et d'Estavayer-le-Lac.

LE CŒUR DUR

[…]

Je suis resté longtemps attaché contre un arbre
Avec ton amour terrible devant moi
Plus angoissé que dans un cauchemar

Quelqu'un plus grand que toi enfin m'a délivré
Tous les regards éplorés me poursuivent
Et cette faiblesse contre laquelle on ne peut pas lutter
Je fuis rapidement vers la méchanceté
Vers la force qui dresse ses poings comme des armes
Sur le monstre qui m'a tiré de ta douceur avec ses griffes
Loin de l'étreinte molle et douce de tes bras

Je m'en vais respirant à pleins poumons
À travers champs, à travers bois
Vers la ville miraculeuse où mon cœur bat

PIERRE REVERDY, *La lucarne ovale*.

INTRODUCTION

la main qui tremble

> … Que sa droiture
> garde ma main d'errer ou de dévier, si elle tremble.
>
> PHILIPPE JACCOTTET, *Leçons*.

Philippe Jaccottet place ces vers à l'ouverture de l'un de ses plus beaux recueils, et l'un de ses plus durs : *Leçons*. Il l'écrit comme au bord de la mort, dans le souvenir de l'agonie de son beau-père, homme de « droiture » beaucoup aimé. Qu'est-ce qui, dans la souffrance et la douleur, quoi devant l'œuvre de la mort peut tenir ? Quelles *Leçons* en tirer ? Pas grand-chose, peut-être rien dit le poète, car la mort – celle de l'autre, bientôt la sienne – « instruit au fouet » : le recueil dira surtout ses coups, la manière de l'enseignement plus que son contenu. Le poète écrit, pourtant, faisant ce vœu comme prière au début de son livre : sans doute la main qui « tremble » – si elle tâtonne, qu'au moins elle ne se trompe pas.

*

Quand on écrit, on revient sans cesse à la ligne, au point le même presque qu'à son départ. La vie, comme l'écrit, n'a que des apparences de ligne droite, aussi ce livre sans cesse a ses reprises et ses répétitions. La vie qui va cahin-caha, ct l'écriture aussi : on en découvre le chemin, un pas prudent et puis un autre, on vérifie que les mots tiennent – on sait, on dit qu'il y a des erreurs et des sens interdits, et nos ratures et nos piétinements. Des boitements et des impasses, il y en a et en aura encore : mais si j'écris, c'est que les mots me sont venus, c'est qu'un chemin – un mot, un autre – s'est découvert et inventé. Et puis : plus vaste que la page, plus mystérieuse aussi que noir sur blanc, la vie avance.

introduction

✵

Ce livre doit beaucoup à *vous* qui m'avez dit : votre malheur aussi votre espérance, *vous* qui parfois sans me connaître, sans que je sache votre nom, m'avez fait confiance. Que celle-ci empêche ma main qui tremble de (se) tromper. Prenez ce qu'il vous faut pour l'heure qui vient, et laissez là le reste. Que le Très-Haut, surtout, nous garde dans sa paix.

(anti-)héros

Cela du moins est à moi ?

> Si j'ai quelque embêtement, j'en ai le droit peut-être ! Quelque peine, elle est à moi ! Cela du moins est à moi ! Cela du moins est à moi.
>
> Paul Claudel,
> *Partage de Midi*, I.

⁂

Avant le silence, une parole encore, son feu tremblant, une mèche qui fume, vacillante s'éteint… mais se rallume et ranime, entêtée, d'être dite : *je vacille et m'éteins ?* Ô miracle d'un poème ou d'un psaume : plutôt que le silence, donc, une parole encore, anxieuse, tremblante, qu'on ose.

Il y a vers la fin du psautier une série d'hymnes qui débutent par *shir hama'alot* ou une formule équivalente : les « cantiques des montées », puis commence le chant

(Ps 119–133). Prières que les pèlerins venant trois fois l'an à Jérusalem (pour la Pâque, Pentecôte et la fête des Tentes) entonnaient à la vue du mont Sion ; psaumes graduels que les prêtres chantaient en montant les quinze marches du Temple. Parmi ces cantiques, le psaume 129 (130), dont voici le début : « Chant des montées ; des profondeurs, je t'appelle, YHWH * ». On dit qu'on monte, mais on appelle *de profundis*. Dans le texte hébreu, tel qu'il a été vocalisé et ponctué par les massorètes, ces savants juifs du Moyen Âge, on trouve sous « des montées » un petit signe : – un *atnaḥ*, quelque chose comme un point-virgule. Il indique une pause à qui chante le psaume durant l'office de la synagogue. C'est un arrêt à peine, comme quand on monte la montagne et qu'on s'immobilise pour reprendre son souffle – ou bien c'est un vertige qui nous le coupe. Cet abîme-là de mon angoisse, les

* Les traductions bibliques sont celles de l'auteur, aidé de la Bible de Jérusalem.

profondeurs de la détresse, ils sont si proches et fascinants parfois, je suis déjà presque descendu dans le silence. *Atnaḥ* : on est parfois ce point sur la virgule, tout notre monde qui vacille et tremble sur sa tige.

Hama'alot : de la racine *'alah*. Dans le cadre du culte, on traduit « offrir en holocauste », littéralement c'est : « faire monter ». Le fidèle qui offre un holocauste l'élève tout entier sur le bûcher vers Dieu, sans rien garder pour lui. Ainsi dans la demande de Dieu à Abraham : « faire monter » son « fils bien-aimé », son « unique » sur le mont Moriyya (Gn 22, 2) : le père est prêt à ce sacrifice effroyable, le fils tout entier rendu à Dieu. Le bélier que signale l'ange, *in extremis* le remplace : l'enfant donné à Dieu ne peut mourir. *Dieu veut sa vie* : Abraham avait entendu *il en veut à sa vie*. Mais il fallait comprendre : *Dieu veut qu'il vive*, détaché de son père (Gn 22, 11-13). À la fin de l'épisode, le livre dit : « Abraham s'en retourna vers ses serviteurs, ils se levèrent et ils allèrent ensemble à Beer Sheva » (Gn 22, 19). Où est passé le fils ? Il est sans doute avec son père, mais il ne lui appartient plus : dès à présent il est passé à Dieu.

C'est sans aucun doute le geste dont se souvient Jésus restant au temple chez son Père, à l'occasion d'un pèlerinage (Lc 2, 41-50), en prophétie du sacrifice de la Croix ; Fils « élevé de terre » (Jn 12, 32), attirant tout au Père sans rien garder pour soi. En montant vers le Temple, le peuple par les prêtres s'offrait lui-même tout entier, sans rien se réserver. En demeurant au Temple puis sur la Croix, le Fils s'offre lui-même avec les hommes qu'il vient sauver, pour leur donner en abondance la vie qui vient du Père. De même ses fidèles, dans l'élévation de la coupe et du pain à l'autel, souvenez-vous : *par Lui, avec Lui et en Lui, à Dieu le Père, dans l'unité du Saint Esprit*, c'est là le *shir hama'alot* des chrétiens.

Chant des montées : si on s'élève, c'est qu'il y a un « là-haut », un « plus haut » quelle que soit la hauteur où l'on se trouve, où l'on croie se trouver. Il y a dessus de nous un ciel qu'habite le Seigneur. On le croit, on veut le croire, ce haut et bon silence où se consument les mots de la prière. Le désir nous brûle de soupçonner la cime : oui j'irai « de hauteur en hauteur » (Ps 83, 8) ! Ou un vertige nous saisit : *tu es trop haut pour moi, ton ciel je n'en suis pas capable*.

Chant des montées : si on s'élève, c'est qu'il y a l'en-bas aussi, c'est qu'il y a ce *plus bas que terre*, l'autre et mauvais silence auquel on se refuse encore : « des profondeurs, je t'appelle », « de tout au fond je te crie ». *Non je ne suis pas capable de ta hauteur, non ne veux pas m'abandonner à mon vertige*. Puisque l'abîme m'environne, Seigneur, je te l'abandonne, fais-en ce que voudras. Puisque l'abîme… c'est depuis là que je t'appelle, c'est ta parole, ta justice de toute urgence et faiblement que je demande, fais-moi monter jusqu'à Résurrection.

Dans la prière et sur l'autel, c'est d'abord tout ce qui en nous tremble, se tait s'éteint que l'on devrait offrir. *Ma douleur est à moi*, fait dire Claudel à Mésa, son double et porte-parole dans *Le Partage de midi*. Il lui faudra l'amour d'une femme, Ysé, « l'impossible » en tous les sens du terme – son caractère, surtout elle est mariée –, pour accepter de perdre même sa douleur. « Cela du moins est à moi » : prends garde ! Si tu la gardes, mauvais silence, tu te consumeras.

Comme un homme

> les grandes pompes l'épopée
> on s'en passe
>
> ANTOINE EMAZ,
> *Plaie.*

✵

De plus en plus je suis gêné par ce que l'on appelle *l'héroïcité des vertus*, préalable nécessaire à la canonisation. Je ne remets pas en question la nécessité de l'enquête, pas en question le fait qu'un saint se doit d'être un exemple de vie morale. Évidemment qu'un saint, c'est une personne qui a mené le « bon combat » (1 Tm 6, 12), contre les « tendances égoïstes de la chair » comme dit saint Paul (Ga 5, 16). Ce qui me gêne, c'est que l'on risque de voir dans les saints des héros, et certains ajoutent *in petto* : « d'une autre trempe, ma bonne dame ! » Et on se désole (plus ou moins vite, c'est selon) de n'être pas de ce gabarit-là, et on se navre : « Rien de moi n'est un homme * ». Ou c'est la séduction, toujours actuelle, d'un stoïcisme de bazar : le détachement souvent hautain du *même pas mal*, du *cela ne me fait rien*. Il y a, avec, tout un discours sur la *virilité* du saint (ou même de la sainte, ce que l'on dit de Thérèse d'Avila). On devrait agir et vivre « comme un homme », et on ajoute : « un homme, ça ne pleure pas, ne tremble pas, n'a jamais peur ». Un homme roule des muscles et puis on fait le coup de poing : *#bagarrebagarreprière*, je l'ai vu passer sur le net : Dieu nous préserve, quelles bêtises !

Une de nos hymnes pour les saints dit : « nul n'a pu les rebuter » dit « qu'ils n'ont pas craint la tempête », dit « rien n'a pu les ébranler »... Mais moi je pense à François d'Assise qui s'est d'abord détourné des lépreux avant de les

* Victor MALZAC, *Dans l'herbe*.

embrasser. J'admire le *povelloro* quand il s'approche d'eux, mais je l'aime d'avoir commencé par fuir. Nos saints, ils ont tremblé, c'est pourquoi je peux les imiter. Médiocrité, bassesse ? Peut-être. Mais la médiocrité c'est aussi de refuser de voir sa petitesse. Je préfère, ô combien, parce qu'elle ne se fait pas d'illusion sur notre humanité, l'âpreté et les vacillements des psaumes, ou d'un poète comme Antoine Emaz. Il ose dire sa peur et son angoisse, a plus urgent à faire que de *sauver la face.* Car il s'agit avant tout de *faire face*, comme on peut, et c'est très différent. Comme un homme, oui : pas rien, non, mais pas grand-chose. Alors, « les grandes pompes l'épopée », décidément, comme un homme : « on s'en passe ».

Souvenons-nous de la tempête apaisée, de la peur des disciples qui leur fait appeler *au secours* :

> *En ce jour-là, au soir venu, il leur dit : « Allons sur l'autre rive. » Et, laissant la foule, ils le prennent comme il était dans la barque, et il y*

avait d'autres barques avec eux. Il y eut une grande bourrasque de vent et les vagues se jetaient sur la barque, au point que déjà la barque se remplissait. Lui, il était à la poupe, dormant sur le coussin. Ils le réveillent et lui disent : « Maître, cela ne te fait rien que nous soyons perdus ? » Réveillé, il menaça le vent et il dit à la mer : « Tais-toi, silence. » Et le vent s'apaisa et il y eut un grand calme. Il leur dit : « Pourquoi êtes-vous craintifs ? N'avez-vous pas encore la foi ? » Ils eurent peur d'une grande peur et ils se disaient entre eux : « Qui donc est-il celui-là, que même le vent et la mer l'écoutent ? » (Mc 4, 35-41).

Les disciples dans la barque sont tout « craintifs » et on les comprend. Ils *manquent de foi*, dit Jésus, et là on ne comprend pas très bien. Où ça, le manque de foi ? ils semblent lui avoir fait confiance, puisqu'ils l'ont secoué… Manque de foi, d'avoir pensé qu'ils étaient perdus ? Leur tort serait de l'avoir dérangé (*il dormait si bien sur son coussin*) au lieu d'écoper (*le ciel t'aidera si tu t'aides*) ? Pas tout à fait : lisons, mieux. Leur manque de foi, ce n'est pas d'avoir dit « nous sommes perdus » et de l'avoir réveillé, mais c'est qu'ils ont dit, qu'ils ont pensé : « cela ne te fait rien » (*partage donc notre angoisse à la fin*). Bien sûr que non, cela ne lui fait pas rien, mais à le voir dormir, on pouvait en douter.

Il s'est embarqué avec les hommes, ses disciples, « comme il était », c'est-à-dire comme un homme. Celui qui seul est Saint, le seul qu'il y a à suivre, plus tard, il a été ce qu'il était : un homme. On le verra pleurant, suant la peur et l'angoisse, nu et risible, pas même pitoyable : pathétique. Ni Gethsémani ni le Golgotha n'ont connu les « grandes pompes ». Nos liturgies peuvent à raison célébrer – à coups d'encens, clochettes et grandes orgues – l'humilité du Dieu fait homme et la Résurrection, mais peut-être elles nous feraient oublier l'humiliation et l'agonie du crucifié ? Aurait-il pu être autre, lui qui a embrassé et assumé l'humanité ? Pas seulement ce qu'il y a en elle de digne, d'héros et d'admirable ; mais aussi, mais d'abord ce qu'il y a en nous de faible et de chétif, et tous nos tremblements. Et si je pleure, il pleure – fatigue, tristesse ou bien nausée – et quand je tombe, il est tombé. Mon péché non, mais bien toutes nos humiliations ; ma faute non, mais toutes les tentations. « J'assume », nous dit-il, « je vous assume tout entier » lorsqu'il pleure face contre terre sous les oliviers. J'ai une fois entendu prêcher que, à Gethsémani, l'obéissance du Christ au Père avait été automatique ; j'ai peut-être mal écouté, mal entendu ce qu'on disait. Quoi qu'il en soit, à bien lire, ce qui est sûr, c'est qu'il a fallu qu'il s'y prenne à trois fois. C'est aussi pour ses première et deuxième fois (*Père, s'il est possible qu'à cette coupe je ne boive pas...* Mt 26, 36-46) que je le suis et que je crois.

Alors, dans la prière surtout, de toute urgence, me présenter sans fard ni fanfaronnade, tout tremblant quand je le suis, puisque je suis ce mal capable de la foi, ce peu capable de l'amour, moi l'incapable chronique d'espérance. Dans mon offrande, j'assume : je suis parfois, je suis souvent l'anti-héros, ce point-virgule que le Très-Haut a consenti à être.

colère

Prie-nous, Seigneur

Tenebrae

Nous sommes tout près, Seigneur
tout près et saisissables.

Déjà happés, Seigneur,
cramponnés l'un en l'autre comme si
le corps de chacun d'entre nous était
ton corps, Seigneur.

Prie, Seigneur,
adresse-nous ta prière,
nous sommes tout près. [...]

PAUL CELAN,
Grille de parole.

✵

Et puis il y aura la colère, la sainte comme on la dit parfois, la très pure peut-être pas, sûrement : fille de douleur, la colère bénie.

Paul Celan, comme Job, la brandit – ou c'est elle qui met tout ce monde debout, enfin « comme un brave » (Jb 38, 3) je prends la parole – peu importe qu'on me la donne ou non – et je parle, peut-être y aura-t-il quelqu'un pour m'entendre ? Douleur enfin debout dans la colère, donc, qui parle et qui proteste. Toutes culpabilités et responsabilités bien comprises, contre qui tout de même *in fine* sinon Dieu ? *Écoute-moi, je te parle ; réponds-moi si tu peux, si tu l'oses ?* Celan écrivait non pas *après* Auschwitz (ce qui n'est pas possible, ce qui serait obscène et barbare si on suit le philosophe Adorno), mais *d'après* Auschwitz. En sa vie fracassée va jusqu'à l'inversion des places. Il donne ordre à Dieu, auquel il ne croit pas (« Loué sois-tu, personne », écrit-il ailleurs) mais il lui parle tout de même : *adresse-nous, Seigneur, ta prière*. Il a jugé déjà et il accuse ce Dieu de *ténèbres*, comme Job en son temps. *C'est toi le coupable qui dois non pas même te défendre – ma douleur, elle n'est pas défendable… qui sinon toi l'a permise ? – toi qui dois non pas même te défendre mais demander mon pardon ?*

Plus loin nous verrons la réponse de Dieu à Job (sa non-réponse plutôt), pour le moment, restons avec cette proposition : j'ai pardon à donner à Dieu. Arrogance et blasphème ?

Arrogance, peut-être, je ne le crois pourtant pas. Qui est descendu bas (si bas ô ma ténèbre), celui-là a conscience pourtant d'être fait pour la lumière et le jour. Plutôt, en conscience, protester : ce qui m'arrive, m'est arrivé, n'est pas digne de moi. Si j'ai tant et trop mal, n'est-ce pas que je valais mieux que mon mal ? Non pas à cause de mes mérites, de mon unique, si précieuse personne ! Quand on est si bas qu'on ne croit pas pouvoir encore descendre, peu de risque de se faire à soi-même illusion : « je suis un ver, pas un homme » (Ps 21, 7). Mais parce que, oui à la fin, ce qui se tortille dans la poussière, c'est un homme ; et qu'un homme, oui c'est debout.

Arrogance, non, mais blasphème il y a, blasphème donc pour un temps ce sera. Dire *je suis perdu, c'est toi qui l'as voulu (c'est toi qui m'as perdu)*, c'est peut-être foi mauvaise, mais c'est foi tout de même, qui ne sait plus bien ce qu'elle croit. Et corriger le *tu l'as voulu* en *tu l'as permis* est une distinction sémantique qui a pour l'instant peu de sens. Blasphème oui, de Celan ou de Job ou le nôtre : blasphème à certaines heures, en certaines circonstances, la seule manière encore qui nous soit possible. *Prie-nous, Seigneur*, ce blasphème amoureux, tu l'entends pour ce qu'il est : c'est encore prière.

Et celui qui s'offusquerait de ce qui est dit ici n'a peut-être jamais entendu le Christ sur sa croix – pour le coup le seul homme vraiment pur, l'innocent intégral. Ce cri poussé – *Éloï, Éloï* (Mt 27, 46) – insoutenable presque, tellement qu'il n'est pas sûr qu'on l'entende. Je me souviens ainsi d'un séminaire à l'université, où des étudiants commentaient : c'est un acte de foi, ce cri sur le Croix, car il reprend le psaume vingt et unième qui bascule un peu plus loin avec : « et tu m'as répondu » (v. 22), pour finir en action de grâces… Peut-être, mais c'est d'abord un cri d'horreur, c'est avant tout une incompréhension ; et si le psaume bascule, c'est qu'il y a eu réponse. Or sur la croix, le ciel reste vide et le Père silencieux. Réponse, si c'en est une, ne viendra qu'à l'aurore du dimanche. Ne courons pas trop vite au jardin de la Résurrection, puisque certains, puisque beaucoup passent un certain temps dans la douleur de ce cri, beaucoup de temps dans la nuit du tombeau. Entendons-le, ce cri, honorons-le : c'est la dernière parole du Fils avant sa mort, la seule parole de tant d'enfants des hommes dans le monde. Ce cri, beaucoup (peut-être tous et chacun une fois dans sa vie ?) l'ont poussé : je croyais ta bonté, ton amour, ô mon Père (*n'est-ce pas dans ton livre ?* – Ps 55, 9), je t'avais su *refuge* et *citadelle* (n'est-ce pas, dans ma vie ?) … mais si tu me délaisses, puisqu'évidemment je ne peux plus te faire confiance, à qui puis-je encore m'abandonner ? Me voilà le plus seul et le plus nu des hommes quand tu te tais et te dérobes dans la ténèbre de ton ciel.

À tout prendre, quand la foi ne paraît plus que mensonge, c'est la prière convenue qui ferait pour le coup le blasphème, puisqu'elle serait un mensonge. Blasphème que de dire : *je vous aime*, quand ce n'est pas le cas ; blasphème, le *j'ai confiance, non je ne tremble pas* quand je vacille et suis tombé. Blasphème, oui, car mensonge : fait à soi et à Dieu, fait à soi devant Dieu, fait à Dieu contre soi. La vraie prière, c'est une lapalissade, c'est la prière qui commence par dire la vérité, dans toute sa nudité, peut-être sa violence et toute la cruauté. « Mon Dieu, je ne vous aime pas », priait la poétesse Marie Noël dans ses *Notes intimes* : *je ne vous aime pas* et pourtant je vous parle. Seigneur, c'est absurde et je ne comprends pas, c'est pourquoi à la fin je te parle.

Lieu commun

> La poésie est partagée tout entière entre le désir du pays qui n'existe pas et le besoin du lieu commun : entre l'ailleurs et le poncif, ses deux génies contradictoires.
>
> JEAN-MICHEL MAULPOIX,
> *Émondes*.

✵

La colère qui intente procès à Dieu, c'est encore prière disions-nous, et cela est miracle. Car dans le désastre intime, les saccages du dedans, on pourrait se résoudre et réduire au silence… quand tous les mots de la foi ne sont pas même *usés* (Qo 1, 8), pire : souillés tellement.

Je me souviens d'un jeune très vif et très insupportable au catéchisme. Un jour où il avait été particulièrement pénible, je tente un échange, car je sais (je l'ai vu) qu'il peut et vaut mieux que ça, qu'il gâche un beau trésor. *Chaque soir*, répond-il, tous les soirs que Dieu fait, *quand je rentre chez moi*, ce trésor *on l'enterre* (c'est le mot qu'il emploie). « On », c'est son père, lequel perdra quelques mois plus tard la garde de ses enfants. Allez après ça demander à son fils de dire pieusement *notre Père*... Pour tant d'autres, même chose ou plutôt une chose analogue : c'est les mots de *tendresse* ou d'*amour*, le *salut de la chair* (le salut *par* la chair), la *prière* et ses *consolations sensibles* (*consolation* si peu, mais *sensible* vraiment trop), la *grâce*, le beau mot du *désir* (*ne le dis pas aux autres, ils ne comprendraient pas*) ... Après cela, on ne les comprend plus, ces mots de tradition.

Pourtant, nous les partagions, ils nous étaient *lieux communs* avec d'autres. Ce que Jean-Michel Maulpoix dit de la poésie usant des mots de tous pour inventer par son désir l'autre monde, vaut tout autant ici. Le poète, comme l'archéologue, *invente*, c'est-à-dire qu'il découvre sa langue sous la langue. Il nous la partage, dans l'espoir qu'elle devienne *notre* langue. C'est une grâce et un danger, que de savoir ainsi manier les mots. Est bon poète celui qui sait conserver l'équilibre entre les pôles : forger une langue qui lui soit propre et qui soit partageable, réinventer les lieux communs, pour qu'on habite ensemble ; une langue aussi qui lui soit propre (on appelle cela platement le *style*), sans faire usage impropre et mensonger. Pour cela il faut une morale : est bon poète celui qui a souci de l'autre, car de *manier* à *manipuler*, l'écart est bien léger. Pareils, les mots de tradition, qu'ils soient bibliques, spirituels ou de théologie. La génération qui passait nous les avait donnés pour que nous les déployions dans nos vies, les transmettions, riches de nous, à la génération qui vient : ils nous étaient beaux et ils vous étaient bons. Alors, quand on en a fait mauvais usage…

Pire encore. Car ces mots sont aussi la mémoire de Dieu dans mon cœur (*vers ton nom, vers la mémoire de toi va le désir de l'âme* – Is 28, 6), là aussi lieu commun très intime entre moi et mon Dieu… et je m'en trouve expulsé. « Poncifs », dit Maulpoix, on peut dire aussi des *clichés*, bien utiles à la foi pour se vivre, à l'amour pour se dire. On me les a enlevés puis rendus si tordus que je ne les reconnais plus, que je n'en connais plus que le négatif. C'est, pour reprendre un vers de Ph. Jaccottet, « comme si [...] la mort [faisait] pourrir même les mots * ».

Il ne faut sans doute pas confondre le mot avec la chose, mais si le mot s'est avéré menteur, puis-je encore faire confiance à ce qu'il nomme ? et le *Père* et la *prière*, la *bonté* de ce *corps* qu'on m'a fait, ce grand *désir* que j'avais… Tous n'ont pas forcément été manipulés, mais tous s'en trouvent contaminés. Les mots ont leur sens défini, mais les limites sont poreuses : un mauvais usage de l'un rejaillit sur ses voisins. Ainsi la violence faite au *frère*, au *corps*, ou bien à *l'amitié*, provoque comme avalanche ou bien raz-de-marée qui atteint le *Père* et *l'Église* et *l'amour*.

---

* *Chants d'en bas*, « Parler ».

lieu commun

On ne doit pas confondre le mot et la chose, on ne peut les séparer non plus ; de même, les mots et ma prière. Certes, celui qui en a l'habitude a su un beau jour qu'il fallait dépasser tous les mots et leurs pieuses images. Peut-être on avait l'habitude, tout au fond de soi-même, ce réduit de silence quelque part dans le cœur. On y parvenait guidé par la parole. Mais ici, où je parle, on n'est pas, on n'est plus *au-delà* du langage, mais on est *en-dessous*, *en-deçà* tellement, dans « l'en bas » si bien cerné par le théologien Maurice Bellet. C'est un nouveau silence auquel on est réduit, ce n'est plus la prière, mais la langue coupée, c'est Shéol et silence de mort (Ps 93, 17). Alors si (je n'ose pas dire : quand) l'on se met un jour à parler, à déposer sa plainte et accuser son Dieu, c'est que parole nous est rendue, et cela est miracle.

La colère innocente

> Comme un grondement sourd dans nos têtes. À la frontière des yeux, là où sont les ombres, quelque chose se prépare.
>
> Damien Murith, *Le deuxième pas*.

✵

La colère, ce miracle, je répète. Si le grand miracle c'est ressusciter et puisque ressusciter c'est être relevé, gracieuse est la colère qui nous remet debout et qui nous fait parler.

Les médiévaux distinguaient, dans les élans du cœur et du corps, l'irascible du concupiscible, quelque chose de très primitif, animal, instinctif. La concupiscence transporte vers ce qui nous procure du bien ou du plaisir. Quand l'irascible nous démange, c'est pour nous protéger de ce qui nous agresse, c'est pour nous détourner de ce qui fait douleur et mal. Il paraît que la prière est un élan d'amour, mais, je me répète, quand l'amour lui-même est souillé ? Que reste-t-il encore qui pas même nourrisse cette flamme, mais qui la justifie ? Faisons feu de tout bois, et si les psaumes nous enseignent bien une chose, c'est qu'il est une prière qu'alimente et que meut la colère. C'est « un grondement sourd » quelque part en nous-même, suggère D. Murith, un orage qui s'amasse et « prépare » son tonnerre et la foudre. Jour entre tous béni où la fureur nous est rendue et éclate, miracle que de pouvoir un jour et de nouveau prier, en avoir la colère.

« Laisse ta colère, calme ta fièvre il n'en viendrait que du mal » a beau dire un psaume (36, 8), il est par ailleurs semble-t-il contredit par tant d'autres qui grondent. Ce sont les fameux versets *imprécatoires* dont certains sont si peu soutenables, le pire d'entre eux : « ô Babylone misérable, heureux qui te revaudra les maux que tu nous valus ; heureux qui saisira tes enfants pour les précipiter contre le roc » (Ps 136, 8-9). C'est des mots, pourtant, que l'on croit inspirés : cette rage, c'est aussi la parole de Dieu, c'est aussi dans le livre ?

Quel dommage, ces liturgies qui, par prudence, y renoncent. Elles ont leurs raisons, qui sont à demi-bonnes. Parce que : *cela ne se fait pas*, ce qui est vrai ; au prétexte que : *cela ne se dit pas*. Ah, bon… et pourquoi ? Car interdit après l'autre on risque inconsciemment de glisser vers : *cela ne se pense pas, cela surtout on ne le ressent pas*. Et le jour où pourtant je pense et ressens cela précisément ? Si les mots de colère et de fièvre m'ont été par principe interdits ? Il y a quelque chose d'une amputation, encore une fois un mensonge, dans cet idéal de totale douceur. Il arrive d'entendre en confession des gens s'accusant de mouvements intérieurs de colère : autant s'accuser de n'être qu'un humain. La faute n'est pas dans le premier mouvement, elle est de laisser colère avoir le dernier mot. Mieux : la faute peut être aussi de l'empêcher d'avoir son mot à dire. Pour *laisser* après soi sa colère, il faut bien qu'on ait pu l'exprimer, la faire sortir de soi. Et mieux vaut pour cela les mots dans la prière que le crachat à la face ou bien le coup de poing.

Et si, grâce à Dieu, je ne pense et ressens pas cela, quand la liturgie me les propose, je ne les dis pas en mon nom, mais au nom de ceux qui, à cette heure, pourraient y reconnaître le « grondement » tout au fond de leur cœur. Prier la colère des psaumes, la faire sienne pour un temps, ce serait alors faire œuvre de miséricorde, donner place et puis voix à celui qui se tait et s'en va ; reconnaître, honorer la chaise à présent vide de celle qui ne peut plus entrer dans nulle église ; de ceux qui ne savent plus, veulent plus trouver le chemin, tant on le leur a saccagé, de l'endroit où demeure en leur cœur le Seigneur. Prier la colère des psaumes, c'est rendre à tant d'humiliés le seul lieu peut-être que l'on puisse avoir avec eux en commun. Par là même nous rendons à l'Église, par nos voix, cette juste colère que si souvent elle s'interdit face au mal en son sein, opéré trop souvent par ses mains.

Mais, dira-t-on, dans le psaume, c'est Babylone et l'ennemi, qui sont objets de la malédiction, pas Dieu : on se plaint *à* Dieu, non *de* Lui. En effet, je n'ai pas souvenir de cela dans les psaumes – c'est un blasphème que, je crois, le Livre réserve à Job.

Un excès de douleur, Job, peut-être il exagère (et on peut le comprendre, il souffre tellement) ? Patiemment, chrétiennement on l'écoute, en attendant, ça va bien lui passer. C'est là précisément l'attitude des soi-disant amis de Job venus le consoler… Non, l'âpreté de Job a raison : c'est bien la douleur qui le fait parler, et elle parle juste et bien comme le dira Dieu lui-même (Jb 42, 8). Souvenons-nous du début du récit : si le satan est l'auteur de son mal, c'est que Dieu l'a permis. Ainsi, l'adversaire est coupable, le Seigneur responsable (Jb 1, 12 et 2, 6). L'accusation de Job n'est pas seulement : *Dieu ne m'a pas protégé, s'il est bon il est faible* ; mais : *ô Dieu fort et puissant, tu ne m'as pas épargné, et je reste innocent*. L'innocence de Job, en effet, elle n'est pas seulement antérieure à son mal, elle demeure tout au long de son livre. Innocemment il souffre, innocent il proteste et persiste : innocent.

Innocente, sa colère. De *in-nocere* en latin, c'est-à-dire : elle ne fait aucun mal. Ni à Job, ni aux autres – que pourtant elle scandalise –, ni à Dieu. Qui s'enflamme à entendre le blasphème, comme Élihou (Jb 32, 5), se fait une idée bien petite de Dieu : serait-il si faible qu'il aurait besoin que des hommes le défendent ? La colère de certains à entendre un blasphème (quand ce blasphème est la colère juste d'une injuste douleur) elle est peut-être la marque de leur manque de foi. Innocente colère, oui, car je le crois, cette colère est de Dieu.

sens interdit

Théologie pratique

Espoir de retour
Les mains levées vers un point où gronde une colère robuste
Qui se vengera
Même si tout retombe au silence pour longtemps
On gardera le souvenir du tonnerre
Le faible prie
Le pauvre crie
[...]

PIERRE REVERDY,
La Lucarne ovale.

✵

Cette colère est de Dieu ? Longtemps j'ai cru à un Dieu impassible, souverain. Je croyais que former sa foi dans l'étude et faire profession de théologie, c'était *purifier* le langage des hommes pour qu'il convienne à son objet divin. Cela reste vrai. Mais *purifier* c'était dans les faits l'*élimination* pure et simple de ce qui n'est pas digne de Dieu. Ainsi la *colère de*

Dieu, une image trop humaine d'un Dieu en son fond sans passion. Certes, le Seigneur dit de lui-même, passant devant Moïse, qu'il est *lent à la colère* (Ex 34, 6). Il le dit et le prouve, puisqu'on est après le veau d'or qu'il a pardonné. Littéralement, notre Dieu a le « nez long ». L'image est éloquente : plus il est long, plus la fureur qui lui brûle au-dedans a le temps de se refroidir avant de sortir. Autrement dit : si ses narines crachent du feu, c'est qu'il y a vraiment de quoi être en colère. « Lent à » ne signifie pas « sans », mais j'allais jusque-là : mon Dieu pur, intouché, ô mon Dieu par là même intouchable ? Je ne savais que faire de cette colère-là, de ses cris et annonces si nombreux de *vengeance* (lisez les prophètes, Jérémie par exemple).

L'une des (mauvaises) solutions serait de dire que ce Dieu-là est celui de l'Ancien Testament, qu'avec Jésus on passe à un autre régime, l'ineffable douceur. C'est la solution de Marcion (vers 85-160) condamnée par l'Église. Il supprimait les trois-quarts de la Bible pour forcer la révélation à entrer dans ses cadres. Cela n'est pas juste : Jésus fait bien un fouet de cordes et chasse les marchands du temple (Jn 2, 14-16 et parallèles). Cela est mensonge, Marcion, puisque la virulence et même les insultes du Christ contre les pharisiens : « hypocrites », « vipères » et « sépulcres blanchis » (Mt 23, 1-27) ! Inconsciemment, j'étais un peu un marcionite (et je pense ne pas être le seul).

Or, la théologie nous apprend que ce que l'on dit de Dieu en mots humains, à partir de nos expériences humaines – ce qu'on appelle analogie –, doit être affirmé (Dieu est ceci) puis nié (Dieu n'est pas ceci), puis de nouveau affirmé (finalement, il est bien ceci autrement que chez nous). Ce qui chez nous paraît faiblesse chez lui est chose *robuste* comme dit Reverdy. J'avais oublié le troisième temps du déploiement de toute analogie. Le « tonnerre », je l'avais entendu, puis tout était retombé « au silence pour longtemps ». C'est à un de mes professeurs que je dois d'avoir mieux compris *. Premier temps : le « nez long qui s'échauffe au péché » (la Bible). En deuxième : notre Dieu impassible, la colère lui est donc impossible (la métaphysique). Mais en troisième, vient la théologie : colère de Dieu, c'est la différence essentielle, radicale entre Dieu et le mal. C'est l'image affective d'une incompatibilité non pas *d'humeur* mais d'une incompatibilité *d'être* entre Dieu et le mal.

Mes cours de théologie ont été utiles, et même salutaires, mais à eux seuls ils ne suffisent pas. Ce que l'on comprend avec la tête n'est pas forcément d'emblée su par le cœur et vécu dans sa vie. Il a fallu, pour reprendre le poète, il y aura fallu le *cri* du *faible* et sa *prière pauvre* – ton cri le mien, sa faiblesse la nôtre. Il aura fallu que l'on ne puisse plus étouffer la colère.

* Voir : Emmanuel DURAND, *Les émotions de Dieu, indices d'engagement*, Cerf, 2019.

C'est d'ailleurs, j'en suis persuadé, un irremplaçable, non pas seulement de pastorale, mais de théologie. On le dit bien souvent, dans l'Église, qu'on écoute le *pauvre*, *l'humilié*, *l'abattu*, qu'on va au *marginal*, toutes nos *périphéries* (un frisson d'inquiétude, un plaisir d'interdit). On dit qu'on écoute, il n'est pas sûr qu'on entende. Voyez les compagnons de Job, ils commencent par se taire (Jb 2, 13), mais quand ils parlent, on voit bien qu'ils n'ont rien entendu (Jb 4, 1 et suivants), ils répètent les formules apprises, la foi comme elle va quand tout va bien pour soi. On dit parfois que si tel enseignement immuable de l'Église n'a pas été reçu, c'est qu'il a été mal compris (*qu'ils sont bêtes, reprenons*), que l'on doit faire œuvre de plus de pédagogie (*c'est vrai qu'on n'est pas très doués*). Il y a des cas où c'est sans doute vrai : le bon sens partagé par tous de Descartes, j'y crois, je sais aussi la paresse qui refuse d'interroger les compromissions de nos petits conforts. Mais si on adoptait le raisonnement inverse, pour voir ? Si on ne nous comprend pas, c'est peut-être aussi que ce que nous disons n'a pas l'accent de vérité. Si pour un temps on faisait l'hypothèse qu'on se trompait et si l'on se taisait pour entendre vraiment ce que celui-là qui me choque me dit ?

Lorsqu'on énonce les règles d'un sûr discours sur Dieu (livre de théologie, prédication, exhortation ou témoignage), on dit qu'il faut : la logique et la rigueur du raisonnement ; la conformité avec la tradition, c'est-à-dire l'interprétation autorisée des Écritures. On devrait toujours ajouter, aussi, deux critères supplémentaires : l'ancrage dans la réalité présente du monde et de l'Église comme ils sont d'une part, de l'autre la fécondité possible, la valeur de mes propositions pour ceux qui les entendent. Pour le dire autrement : *on reconnaît l'arbre à ses fruits*. Jésus met en garde ici contre les *faux prophètes* et leurs enseignements (Mt 7, 15-21). À terme, ce n'est pas une question de la seule logique ou du respect de tradition, mais de parole de vie (c'est-à-dire vivante et vivifiante) pour un amour en paroles et en actes. Le bon fruit d'une pratique exigée de l'écoute exigeante, même et surtout quand la colère gronde, c'est reconnaître qu'ici l'amour parle encore : non pas malgré, mais au travers de la rage.

Dieu contre Dieu

> Sauvez-moi du mal-Dieu qui derrière
> Vous me guette.
>
> Marie Noël,
> *Notes intimes.*

✵

J'y insiste : ma colère, mon amour. « Rien de ma plainte ne t'échappe » (Ps 37, 6) ô mon Dieu, car je crois que c'est Toi qui par elle me « relèves la tête sur mes ennemis » (Ps 26, 6). Ce faisant, Tu le sais, il y a ce danger : que définitivement je me détourne de Toi. Béni sois-Tu, qui tant te dépouilles, me donnant ta colère ; loué sois-Tu : je la tourne à la fin contre Toi.

Car cet élan et ce cri qui me mettent debout, mettent du même mouvement au jour et en question cet impossible qu'on disait : l'incompatibilité d'être entre Dieu et le mal. L'irascible qui me brûle le cœur, qui me fait souffle court, c'est parfois, en ce cas précis ce sera : l'expression véhémente en moi, par nous, de cet impossible-là. Job, *in fine*, c'est échec au logicien, au raisonneur, échec qui tourmenta tant Marie Noël. Elle ne réussit jamais à concilier Dieu et son *autre*, l'autre Dieu et son Dieu. Elle ne voulait pas du manichéisme : que lui restait-il alors sinon que la contradiction du principe de non-contradiction ? Rien sinon l'identification du bon à son envers ? Celui-là qu'elle voit (avide de sa vie, destructeur et terrible) derrière le bon Dieu du catéchisme. C'est formuler l'absurde sans pouvoir le penser. Car la colère de prier, c'est précisément l'impensable : c'est Dieu (l'innocent) contre Dieu (responsable).

Puisque je le crois (puisque je veux encore le croire, c'est absurde), vous êtes tout-puissant et que Satan même est en votre pouvoir... C'est une heure terrible celle où devant le Christ en croix on se dit : *Dieu, que c'est absurde, cela ne tient pas*. Le scandale de la croix, peut-être on ne le savait pas jusque-là ? La gloire de la croix dit saint Jean, dit saint Paul ? Les disciples ont plutôt commencé par nier et par prendre la fuite, et tant pis si c'est nu (Mc 14, 51-52) : on leur donne raison. (Combien sont-elles, d'ailleurs, pour qui le salut fut la fuite, qui sortirent les mains vides, à peine une valise, sans emploi ni pécule, qui partirent si nues ? Combien sont-ils qui ne sont pas partis. Ce jour où ils ont découvert qu'avoir fait vœu de pauvreté, ce n'est plus liberté grande, mais misère et prison.) Pierre et les autres n'ont pu supporter, prêcher et porter la croix – celle du Fils, la leur, qu'ils auront refusées d'abord pour ne les avoir pas choisies – qu'après avoir fait rencontre et expérience de la Résurrection. Nous (là où j'écoute et je parle), nous sommes encore dans la nuit du tombeau, encore à descendre et tomber aux enfers.

« Sauvez-moi du mal-Dieu, qui derrière Vous me guette », priait Marie Noël. Elle le dit et l'écrit après la longue lutte, quelque chose comme un enfer où la prière se mourait avant de parvenir à ses lèvres. Mais, « sauvez-moi », un jour, elle l'a dit. Et de quoi ? Non pas *de mon mal*, mais *du mal, je n'y peux rien, que vous êtes en cette heure pour moi.* « Sauvez-moi », c'est déjà avoir la grâce de prendre un parti, trois fois théologal. En effet, c'est un acte de foi, puisque l'on parle à *vous* ; c'est un acte d'espérance, puisqu'on demande salut ; c'est en son fond de l'amour, puisque je refuse que vous soyez tout à fait ce méchant dont je fais l'expérience. Marie Noël, sœur et parente de la petite Thérèse qui s'interdisait d'écrire plus, par peur de blasphémer, mais elle l'aura écrit tout de même : le « néant » qu'elle devine à la place de Dieu. Mon Dieu, expliquez-vous !

Marie Noël n'a jamais eu de réponse. Peut-être parce qu'elle voulait penser le mal et que c'est une impasse : « le mystère du mal, le seul où Dieu ne nous donne pas à croire mais à penser » (*Notes intimes*) ? Nous reviendrons sur ce point plus loin, de savoir s'il y a à penser. En attendant, si Dieu ne dit rien, c'est aussi parce qu'il ne pouvait en être autrement. À Job, Dieu déjà répondait sans répondre : « où étais-tu, quand j'ai formé » les mondes (Jb 38, 4) ? Manière de : *je sais, moi, ce que je fais, il ne t'est pas demandé ici de comprendre mais de me faire confiance*. Et si notre homme finit par dire : *je me tais et n'ouvre plus la bouche* (Jb 40, 4), ce n'est pas défaite par abandon, mais c'est dire : *je ne te comprends pas et Seigneur je t'adore*. Job, c'est l'homme qui a cru sans comprendre. Pour que cet acte de foi lui ait été possible, il aura fallu tout ce qui a précédé : sa révolte et son cri innocent, sa colère qui persiste et proteste, la suffisance de ses amis insuffisants. C'est la foi la plus nue et la plus terrifiante, car elle est un pari, sans raison, de confiance. C'est un saut dans un inconnu que l'on sait repoussant, ce chemin sous mes pas se dérobe. Ce n'est pas même un pari que ne fonde aucune preuve, mais un pari que l'on fait contre les preuves de son absurdité : ça ne tient pas la route. « Je crois, parce que c'est absurde », aurait dit

Tertullien : en son fond, le *je crois* ne vise pas seulement l'improbable, mais encore l'impossible. Cet acte-là, sans raison et sans preuves, il ne procède pas de notre intelligence puisqu'elle est en déroute. C'est même une intime violence que l'on se fait à soi-même, elle provient de l'amour qui seul peut nous tenir en route.

Job est la figure de celui qui a connu la nuit de Gethsémani, le cri du Golgotha, le silence du tombeau. Pas plus qu'à Job, Dieu ne répond à son Christ : rappelons-nous de ne pas courir trop vite avec les saintes femmes, restons encore un peu dans le *shabbat* de samedi, dans la nuit où on ne peut plus rien faire (Jn 9, 4). Il appelle « mon Dieu ». « Pourquoi m'as-tu abandonné ? ». *Eis ti*, en grec, on peut traduire et comprendre : « *à quoi* m'as-tu abandonné » ? de tout son cœur, il tremble et pourtant, il demeure sur la Croix, malgré les tentateurs et leur *qu'il descende et se sauve lui-même, là nous croirons en lui, lui qui prétend que Dieu est son Père* (Mt 27, 42).

Pas de réponse du Père et pourtant il y tient, s'abandonnant à Celui qui pourtant l'abandonne. Oui, les étudiants du séminaire que je mentionnais plus haut, dans le fond ont raison : c'est un acte de confiance, quelque chose comme une foi. Mais ce que le Christ parvient à exprimer, l'homme à son exemple et par sa grâce, peut mettre toute une vie à le dire à son tour. Dire *tu* à Dieu au cœur de son malheur, serait-ce pour porter plainte, serait-ce pour blasphémer, je persiste à le dire : c'est un miracle. Par là nous disons : et la foi – trahie – et l'amour – mis à mort –, l'espérance qui vacille et s'éteint.

Parce que rien

> ça a
> eu lieu
> parce que
>
> parce que
>
> parce que
> rien
>
> on ne voit pas
>
> Antoine Emaz,
> *Plaie*.

✵

Je tourne en rond depuis des pages, trouverez-vous peut-être. Mais c'est qu'il y a là une sorte de trou noir, qui nous fait peur et nous attire, on s'en approche à petits pas prudents ; il nous déforme le regard et le langage, on s'en éloigne. Marie Noël disait du « mystère du mal » que Dieu n'y « donne pas à croire, mais à penser » – je le redis : je crois qu'elle avait tort, comme piégée dans les logiques de son athée de père, comme enferrée dans l'insoluble de nos *pourquoi*. *Pourquoi* demeure, dressé et véhément. Pourquoi ? Parce que Dieu est Dieu ? Parce que sa Providence mystérieuse, qui jamais en ses desseins ne se trompe ?

La réponse de Dieu à Job, entendons-la pour ce qu'elle est et tirons-en les conséquences : Dieu ne dit rien à ses *pourquoi*. Il faut beaucoup de délicatesse et de prudence à qui entend, à qui écoute certaines histoires, entend telles douleurs. Apprenez-le toujours : leur *sens* est *interdit*. Il faut aussi bien du courage, pour accepter de n'avoir pas de réponse à qui exige qu'on lui en donne : pleurer avec lui, surtout garder silence. Pourquoi tu souffres, je ne sais pas. Tes larmes ou ta colère, je les comprends, je les partage aussi car je comprends que je ne comprends pas, te dis que rien ne peut les justifier.

Plus tard, tu comprendras, (se) disent certains. *Plus tard*, c'est-à-dire : seulement dans l'Éternel ? En est-on si sûr ? Au point où j'en suis – peut-être je me trompe –, je m'y refuse : jamais ne comprendrai, car il n'y a rien à comprendre. C'est là que je récuse Marie Noël : ici, échec définitif à la raison, ici, rien à penser. Si Dieu est toute lumière de sa pure intelligence, quelle place en Lui pour le grand noir et pout l'absurde ? si Dieu, le bon, est par essence incompatible avec le mal... alors dans l'Éternel, en Lui, rien qui explique et justifie le mal. On dit souvent : l'amour est sans raison... On devrait plus justement dire : le mal est sans raison (même s'il a sa logique, même s'il arrive qu'un délire rationnel vous justifie l'injustifiable). Et je me dis (peut-être je me trompe) : dans l'Éternel, l'absurde reste ce qu'il est. Mais c'est encore mal dire. Dans la pure lumière, il n'y aura pour nous, quand nous la rejoindrons : *plus* d'ombre ; en Lui, ce n'est pas *plus* qu'il faut dire, mais *pas* : en Lui, *pas* d'ombre. En Dieu, en tous les sens de l'expression : au mal, *sens interdit*. Le mal « parce que » nous dit Emaz, « parce que » sans rien derrière, sinon

« rien » : la ligne reste blanche et vide, le vers patine, se répète et on renonce à dire ce qui n'a pas de nom, à voir ce qui n'existe pas : « parce que / rien / / on ne voit pas ».

Deux objections possibles à mon éternel *sens interdit*. Est-ce que ce ne serait pas priver – abusivement – de la consolation d'un sens qui se découvrira ? J'y reviendrai dans un prochain chapitre. En attendant, déjà : *sens interdit*, n'est-ce pas verser dans un mauvais manichéisme ? Si Dieu ne comprend pas le mal, est-ce dire que ce dernier est son envers, à jeu de force égale de toute éternité ? Soyons prudents ici. Il me semble que c'est la position inverse qui serait manichéisme, quand même sa version *soft* : les théodicées, par exemple d'un Leibniz, que raillait Voltaire dans le Pangloss de son *Candide* : « tout va pour le mieux dans le meilleur des mondes » à chaque catastrophe. On dit parfois que la lumière a besoin de la nuit pour briller : ce n'est pas une explication, c'est une image. On dit encore que chaque chose nécessite son envers pour être bien définie et bien comprise, les deux feraient la paire : la nuit contre le jour, amour et haine, le bien connu et su comme tel à cause du mal. C'est là, le crois, qu'il y a violence faite à l'amour, à la bonté et la lumière. C'est là une forme de blasphème, et pour le coup manichéen.

La lumière à laquelle je crois ou je veux croire, le bien que je veux suivre et puis servir, l'amour à faire : ils sont purs de toute imperfection. Non pas en moi, je le sais bien, mais purs en Dieu. Souvenez-vous ce qu'on disait de la colère divine, cela vaut aussi pour toute analogie : lumière et vie, le bien, l'amour. Ça ressemble à ce que c'est chez nous, en mieux et beaucoup plus. Certes, on peut apprécier le jour si on connaît la nuit et l'aube a plus d'attrait peut-être que le soleil de midi : on sait ce qu'elle a traversé. Assurément que pour connaître et désirer le bien, l'homme profite même de l'expérience du mal, à fuir, à redouter. Cela pour l'homme après la faute. Mais Dieu n'a pas besoin d'un faire-valoir pour exister. Le bien n'a pas besoin du mal, ce dernier ne lui est pas nécessaire : avant la faute dans le jardin, il n'y avait pas de mal, et Dieu déjà était, et l'homme était vivant. Le mal, il « a eu lieu », nous dit Emaz : ce n'est pas quelque chose qui existe de toute éternité. Il a ses coordonnées temporelles (le verbe est au passé) et géographiques (un « lieu »), il a ses circonstances. Un mal, aussi puissant et douloureux qu'il soit dans ses ravages, un mal c'est toujours circonstanciel : ici, hier ou là. Dieu seul est absolument, « de toujours à toujours », capable de tous nos lieux, embrassant tous nos instants. Le mal, si terrible et effroyable qu'il puisse être, il n'existe pas absolument.

Alors, Dieu ne comprend pas le mal ? Et quand nous l'aurons rejoint totalement, nous non plus, nous ne le comprendrons pas ? Il ne le comprend pas, je crois – je parlerai du Christ tout à l'heure, lui qui connaît la tentation, lui qui a éprouvé en chair et âme les conséquences du péché. Mais Dieu, en tant qu'il est l'éternel bon, Dieu ne peut pas comprendre le mal. Pourtant, il faut bien dire aussi, et finalement, qu'apparemment il le concède et l'autorise. Maigre consolation que de faire cette distinction, pourtant cruciale, entre *permet* et *veut*. Car il compose, Dieu, et cette composition, et cette concession sont effroyables.

On en revient à notre point de départ : *pourquoi* insiste, *pourquoi* demande sa réponse. En attendant, disons d'abord notre espérance : ce jour où nous percevrons la séduction que le mal peut exercer sur l'homme en général, sur nous en très particulier (entendez-moi bien, je ne parle pas ici du mal que l'on m'a fait, je parle de l'autre, celui dont je me sais capable par ailleurs). Notre espérance, bien plus, c'est que, une fois que nous l'aurons perçue, cette séduction, nous ne serons plus capables de comprendre comment l'homme peut se laisser avoir. Quand l'absurdité et la bêtise profonde du péché seront à nus devant nos yeux. Notre espérance, qu'on se dira : comment l'homme a-t-il pu tous ces veaux d'or ? Toutes ces idoles ? mon Dieu, toi seul pourtant es adorable.

tu aimeras

Parce que Dieu

> Est-il joie
> plus forte
>
> plus paradoxale
> qu'en cette plainte
>
> Gérard Pfister,
> *Hautes Huttes*.

✵

Toi seul es adorable, mon Dieu, et je t'adore. Dire « sens interdit », c'est dire, maladroit peut-être et pas toujours très sûr de soi, ma foi et notre amour. Quand bien même, *pourquoi* insiste : on est toujours, comme Marie Noël, Job au fumier. Je pleure peut-être je me plains et je te dis : Dieu, tu *es* Dieu. C'est un présent, et non *seras* ; tu l'es, pas le vœu pieux : un jour, plus tard, peut-être, j'aimerais tant que Dieu *soit* vraiment Dieu pour moi… Il l'est, quoi qu'il soit arrivé, quoi qu'il arrive, il y a divine réalité. C'est là un acte de la foi, tremblant sans doute, par le fait même c'est une louange aimante, même blessée. Pfister va jusqu'à affirmer que telle plainte recèle la « plus forte » joie. Louange il y a, c'est là le plus précieux, c'est la prière nécessaire disait saint Paul aux Thessaloniciens :

> *Toujours, soyez joyeux, sans cesse priez, en tout, rendez grâce ; car c'est pour vous la volonté de Dieu en Christ Jésus. N'éteignez pas l'Esprit, ne méprisez pas les prophéties, évaluez tout, tenez au bien, éloignez-vous de toute forme de mal* (1 Th 5, 16-22).

Toujours joyeux, la belle idée, j'aimerais bien ! *Rendre grâce à Dieu* en toute chose et circonstance, il va sans dire : je vote pour. Encore faut-il qu'il y ait de quoi. Joyeux toujours et rendons grâce c'est absurde, Paul, te moquerais-tu du monde ? Va donc le dire à celle qui se retrouve à la rue, privée du sentiment de sa propre dignité ; va donc le dire, louange à Dieu, à celui qui s'arrête en larmes sur le trottoir, à qui sitôt levé songe à son lit, ou bien qui à peine couché attend le jour. Joyeux toujours et rendons grâce quoi qu'il arrive ? mon poing dans ta figure, est-ce que tu le vois venir, et diras-tu merci si je te frappe ? Dire ma plainte et ma colère, dire la peur et ma douleur lorsqu'apparemment tu as dormi dans ma tempête, déjà c'est un grand pas, que tous ne feront pas, alors la joie et la louange, c'est un mensonge.

Pourtant, c'est ce que des moniales, ce que nous autres religieux faisons chaque matin à l'office des laudes, en commençant le jour par dire à notre Dieu *merci*. Est-ce que nous ne savons ni la souffrance ni le mal ? Est-ce que, pour « s'éloigner du mal », on se sera d'abord éloigné de tous et tout, aura coupé le téléphone, éteint radio, fermé les yeux, dressé le mur et la clôture ? Faut-il s'anesthésier ou s'amputer le cœur ? En toute chose, rendez grâce : comme si le mal n'avait pas d'existence et la souffrance n'était qu'une illusion, un jour ou l'autre, ça va passer ? En attendant, fais *comme si*, comme saint Paul lu trop vite nous y inviterait : « que ceux qui pleurent soient comme s'ils ne pleuraient pas » (1 Co 7, 29-31) ? Mensonge, hypocrisie ? N'allez pas croire que les moniales soient des anges, et tous les clercs des robots. Ils connaissent le pain des larmes, ils savent l'angoisse et l'inquiétude. Elles portent dans le cœur et la prière toute l'humanité blessée, en général et très particulier, appellent justice, miséricorde et paix. Sans doute ne connaissons-nous pas le tout de ce qui fait honte et la douleur aux hommes, mais chaque jour, prier les psaumes nous humanise. Ce qui, peut-être nous divinise, c'est en même temps, louange à Dieu, merci à lui.

« Dire merci », chez Paul, en grec : *eucharisteite*, c'est le mot d'eucharistie. Souvenez-vous, le pain, le vin, fruit de la terre, de la vigne, fruits du travail des hommes. Sur la patène et dans la coupe, ce sont donc fruits de douleur, puisque travail, depuis Genèse, chapitre trois, c'est à sueur de notre front. Avec le pain, avec le vin, ce que j'élève vers Toi et tout ensemble, ce sont mains vides, sinon de nuit, ce sont des larmes inconsolées. En élevant mon offrande, en petit Job, je me refuse à te maudire et à mourir (Jb 2, 9), puisque je dis encore *tu*. Je sais que je répète ce que j'ai déjà dit plus haut, mais s'y ajoute un nouveau terme : *eucharistie*. Jésus pleurant et gémissant (He 5, 7), sans descendre de la croix, malgré les tentations (Mt 27, 40.42), c'est tout au fond déjà l'action de grâce. Et Pfister de se demander de tels pourquoi : « sont-ils joie sont-ils / plainte les mots / / qui voient dans le passage / toutes choses s'accomplir* ». Il suggère que la réponse pourrait être *oui*, que se cacherait dans la plainte joie « la plus forte », forte de son paradoxe même. Elles ne le savent peut-être pas, ils ne le sentent peut-être plus, ou bien, je l'évoquais plus haut, leur chaise dans l'église reste vide. Mais à chaque fois qu'il y a

* Gérard Pfister, *Hautes Huttes*.

eucharistie, avec le vide que l'on présente, il y a *action de grâce*. Parfois enfoui tellement qu'on ne le perçoit pas ou plus, l'Esprit prononce en nous, pour nous : *merci*. Et si, pour un temps plus ou moins ou très long, tu n'es plus capable de liturgie, si tout en toi semble refuser même prière intime dans le caché du cœur, l'Esprit ne s'éteint pas – ni dans ton âme, ni dans l'Église. Quelqu'un sans cesse y fait l'offrande de louange et de sa joie.

Quelqu'un, mais sans motif aucun, merci sans nulle raison ? Assurément, personne sinon un masochiste ne se réjouit quand on le frappe et met à mort, et aucun homme, sûrement pas le Christ, *si c'est un homme*, ne remercie le mal et le malheur. Et pourtant je maintiens que dès nos *pourquoi* au Père, de la colère ou de ma plainte, il y a *merci* : de et dans l'Esprit Saint. Dire que je ne comprends pas, c'est refuser le « mal Dieu » de Marie Noël ; c'est reconnaître que le vrai Dieu c'est ce vous-là à qui je parle. À ce vous-là, *merci* d'être Qui Il est. Peut-être seulement en négatif dans nos *pourquoi*, avec nos cœurs levés de nuit, nos mains lavées de larmes. Peut-être aussi (cela arrive et c'est miracle encore une fois), ces mots-là sont dits vraiment et formulés explicitement : *louange à Dieu*. Si c'est alors du bout des lèvres, c'est que cela qui s'exténue sur notre bouche a traversé tant d'épaisseurs du cœur, toutes les souillures faites au corps. C'est le cri de l'Esprit au fond de l'âme auquel, cela parfois nous est donné, nous voulons et sommes capables de nous associer.

Avis que je vous fais et donne : ne pas forcer, ne pas hâter le temps, pour certains ce sera seulement dans le jardin et au matin de Pâques. Mais il peut être des heures, me disait une sœur dominicaine (je ne comprenais pas, un jour je l'ai comprise et remerciée), des heures où notre seule action de grâce sera : louange à Dieu, parce que Dieu. Ce n'est pas dire merci pour ce qu'il a fait, fait, fera. Louange à Dieu dans le désastre, c'est maintenir : la gloire *est* à Dieu parce qu'Il est, par ce qu'Il est, pour qui il est. Merci à Toi, parce que Toi : ce n'est plus Dieu contre son autre (manichéisme), mais Dieu qui dit à Dieu sa joie divine.

Place muette

> En toi, en moi, en eux, en chaque animal, il y a quelque chose qui reste à la place de la prière, en attente, car ici-bas, dans l'animal, la prière attend. [...] Il y a toujours, en toutes choses, au centre, le creux de cette place muette, la prière : le lieu, en chacun de nous, en tous lieux et ici, d'une détresse sans sujet et d'une joie sans raison.
>
> VALÈRE NOVARINA,
> *Entrée perpétuelle,* scène 38.

❋

Je vais me répéter, c'est-à-dire que je vais dire autrement la même chose... Dieu disant merci à Dieu et jubilant de soi, et s'adorant lui-même de toute éternité. Il n'a nul besoin de l'homme pour que sa joie : je ne suis pas nécessaire pour que cette joie que le Père et le Fils trouvent en eux soit Quelqu'un :

le troisième bienheureux de l'Éternel face-à-face, son cœur qui brûle et bat. Pouvoir dire *louange à Dieu*, c'est preuve de l'Esprit en nous. Mais n'en être pas capable, ce n'est pas pour autant signe que cet Esprit a déserté mon cœur. Grâce, oui, que d'y être sensiblement associé, miracle aussi : la foi nue qui veut et peut dire *louange* au fond de nos malheurs. Le lot d'un trop grand nombre est différent, ceux-là qui disent : « de consolateurs, je n'en ai pas trouvé » (Ps 69, 21). Consolateur : en hébreu, c'est la racine *naḥam* ; à la forme verbale, le sujet est souvent Dieu, par exemple chez Isaïe. La Bible grecque (la Septante), traduit la plupart du temps par *para-kaleô*, racine que le Christ johannique emploie pour désigner le Saint Esprit, notre *autre Paraclet* (Jn 14, 16). On traduit par *défenseur, avocat*, on peut aussi comprendre le *consolateur* à nous promis. Pour beaucoup, donc, pas de *paraclet* qui prenne leur défense, les encourage et les apaise, qui leur offre l'abri, l'asile trop profond enfoui de la louange *parce que Dieu*. Ce que je tente de dire, que je maintiens pourtant, c'est que la prière un jour nous est rendue, qu'elle le sera, ce que j'espère et que je crois, c'est sa consolation un jour.

Ce que je crois, et c'est farouche, c'est qu'il y a en nous l'Esprit, disons un *lieu* qui nous demeure. Depuis la « chambre intime » de l'Évangile (Mt 6, 6), la tradition lui a donné beaucoup de noms, une liste à la Prévert : l'étincelle ou bien la pointe, le fond sans fond de l'âme, ma chambre haute ô notre citadelle ou le secret du roi. Etty Hillesum disait un « puits » qu'il faut désencombrer, elle traduisait : un Dieu qu'il faut aider à ne pas s'éteindre en nous ; Ignace d'Antioche, se souvenant de la Samaritaine (Jn 4, 1-42) parle d'une « eau vive » dans le cœur qui murmure « viens au Père ». « Lieu » qui n'en est pas un, puisqu'il n'a ni espace ni durée. Mais « lieu » ce serait tout de même, puisqu'il nous y faut un nom et une image. On peut parler aussi avec saint Augustin, et c'est le mot que je préfère, d'un grand « désir », qui « s'aiguise dans la nuit rauque » dit un poète *. Novarina, dans la jubilation de son théâtre, parle « place muette » : place il y a, quand bien même ça se tait. Et il ajoute que s'y mêlent détresse et joie. Celle-ci « sans raison », sinon d'elle-même – parce que Dieu – ou bien d'attente et d'espérer, celle-là « sans sujet », c'est-à-dire qu'on n'y distingue plus bien celui qui pleure : mon cœur ou bien le Christ, mon esprit ou bien le Sien ? Ce lieu, je le crois, beaucoup l'habitent ; ce lieu je nous et vous l'espère : d'en désirer ou retrouver l'entrée.

Ce lieu ou ce désir ou ce secret, ce puits profond profond, la source qui attend, un long regard patient de tout, cet Éternel : il a sa place à tout jamais marquée en nous. Mais, celui que la tradition appelle le Satan, ou ceux qui sont ses instruments, mais le serpent trompeur de la Genèse, Judas et les menteurs qui ont souillé et

* Jacques VANDENSCHRICK, *Livré aux géographes*.

saccagé les lieux communs, peuvent-ils tenir et retenir cette place-là ? Longtemps j'ai cru que cette *citadelle*, quoi qu'il arrive, était imprenable. Mais ce que certains disent et vivent, c'est qu'on y a fait effraction, c'est qu'un voleur leur est entré dedans, sans passer par la porte de la bergerie (Jn 10, 1). Il y en a qui savent entrer, piller et mettre dessus leur main, par le fait même main impure. Dit autrement : le traître a embrassé son maître pour le livrer, Jésus a été saisi dans le jardin des oliviers. Cela aussi peut arriver dans le jardin de notre cœur.

Pour certains, le chemin en est barré : *sens interdit* encore et *no go zone*. Porte fermée, entrée qu'encombrent les souvenirs, chemin que pavent nos douleurs : loin, long, profond – jusques à quand je ne sais pas, si long est ce samedi saint. Qui roulera la pierre ? Et pour quoi faire d'ailleurs, entrer ? Il n'y a plus là-dedans qu'un mort qui porte mon visage.

Mais ce mort-là n'est pas promis à pourriture, puisque Dieu reste présent : « Je descends chez les morts, Te voici », affirme le psaume déjà cité (Ps 138, 8). Jean nous apprend que « pas un de ses os ne fut brisé » (Jn 19, 36) : indice, me suggérait un frère, que quelque chose, malgré violence subie, quand bien même la mort, quelque chose de lui a conservé intégrité. En Jésus Christ, Dieu a connu la mort : pas seulement l'agonie et le passage, mais toute la mort d'un homme. Il a tout subi et quelque chose est épargné. Puis Dieu a été lavé, enveloppé de linge, il a été mis au tombeau et il y est resté, « place muette » durant deux nuits : jamais il ne déserte l'homme qu'il s'est uni. Corps mort, oui, mais pas cadavre nous enseigne l'Église. La distinction peut vous sembler spécieuse, il me semble qu'elle est d'importance. Même si les vendredi et samedi saints ne célèbrent pas l'eucharistie, il y a une communion possible : nos *pourquoi* levés en croix, bientôt couchés en terre, Dieu les habite et les protège dans le silence. Il nous assure, et il y a là je crois une promesse, que bien qu'il soit *transpercé*, tout n'est pas irrémédiablement brisé. Est-ce consolation ? Peut-être pas, mais c'est la seule chose qui nous permette d'attendre et patienter que passe ce samedi, que vienne enfin dimanche.

Décourager la mort

> Nous découragerons la mort. Nous guérirons toujours. [...] Laissez nous tendre à notre paix. À la venue dans notre maigre gloire. Nous userons le temps avec l'éternité. Nous sommes affamés d'un matin enfin juste. [...] Et s'aggrave en nous le goût des demeures. [...] attendant d'être tous remplis du chant aux yeux fermés, voilà que nous usons le temps avec l'éternité. Voilà que nous usons le temps avec l'éternité.
>
> JACQUES VANDENSCHRICK,
> *Pour quelques désarmés.*

✵

Nos samedis saints ont formes différentes, durées diverses, temps où le *pourquoi* est conservé, intact, dans le tombeau. Qui a trouvé à se glisser ici pour demeurer à l'intérieur connaît une forme de repos. Nous ne sommes pas dehors et tout en pleurs, mais au-dedans de Son silence.

Le corps porte la trace de son malheur, le mal que l'on pouvait nous faire a été fait… et il n'a dans le tombeau plus de pouvoir aucun. Surtout, conseil de l'attente, ne pas penser. Non pas n'y penser plus – ce qui est peu possible – mais ne le pense pas : le mal, il n'est pas à penser, il est à traverser pour en sortir vivant. *Plus rien à faire*, disais-je à l'instant, sinon un choix à faire et à refaire peut-être au quotidien, peut-être plusieurs fois par jour. Celui d'aller jusqu'en ce lieu, malgré tous nos sens interdits, d'y revenir sans cesse, après que l'on aura pris si souvent la fuite et qu'on sera parti très loin. C'est prudemment qu'il faut descendre, c'est doucement que peu à peu on va s'habituer à la pénombre du tombeau. Pour le dire autrement, et c'est un paradoxe : se maintenir ou revenir dans ce tombeau, c'est bien un choix de vie.

Mon mal et ma douleur, que je n'ai pas voulus, j'ai cependant dedans le choix, entre la vie, entre la mort (Dt 30, 19). D'une certaine manière, il s'agira de choisir et d'assumer le mal dont on n'est pas coupable, d'en porter les stigmates, sans honte mortifère et sans orgueil déplacé. Ce choix, ne peut le faire que celui qui a d'abord, en d'autres circonstances, fait la rencontre du Ressuscité et expérience de la Résurrection, ne serait-ce que par son baptême. Ainsi saint Pierre : le jeudi soir, il a nié, il a pleuré deux jours amèrement. Plus tard, il a aimé et n'a pas fui quand il lui fut dit qu'un jour, il porterait sa propre croix (Jn 21, 18-19). Nul que moi ne peut faire ce choix pour moi, pas même Christ. Seulement il a donné exemple sur sa Croix, mieux : par elle, il nous en fait la grâce. Les mots de saint Paul peuvent ici prendre leur sens : « je complète en ma chair ce qui manque aux souffrances du Christ pour son corps, c'est l'Église » (Col 1, 24). Oui « pour l'Église », comprendre : le corps que forment tous les disciples et les chercheurs de vérité, à commencer par tous les humiliés. Ce n'est pas courir après souffrir, le demander beaucoup comme on l'a peut-être trop fait, trop dit à certaines époques – générations passées, aussi une mauvaise pente en nous à évangéliser. Ce choix, c'est plutôt celui de demander un pouvoir-vivre, un savoir-vivre, c'est implorer beaucoup aimer. « Pourquoi », *eis ti* : on peut traduire : *en vue de quoi*.

Rien à penser, plutôt « Quelqu'un » à vivre et à aimer. Dans le poème placé à l'entrée de ce livre, Pierre Reverdy, sans préciser le contexte ni les circonstances, parle d'un « quelqu'un plus grand », à qui je mets la majuscule : Quelqu'un qui le libère et lui rend vie, le rend capable de rejoindre la « ville miraculeuse », j'y vois Jérusalem, *sainte cité*. Dans le tombeau, rien à faire que de décider d'aimer, patience active de la délivrance : qu'Il nous ressuscite le désir, que la pierre nous soit roulée. C'est là la seule consolation, et la plus vraie : être vivant – la mort n'aura pas en moi le dernier mot – et puis tâcher d'aimer – la haine qui détruit, c'est là le seul sens interdit. Prenons exemple du roi David. Il a toujours refusé de porter la main sur Saül, quand il aurait pu à deux reprises le tuer (1 S 24 et 1 S 26). S'il a été capable de renoncer à la violence, c'est sans doute, qu'il a reçu l'Esprit et son onction. Et, mieux que David, entendons le commandement du Christ à « Aimer son prochain comme soi-même ». Dans l'Évangile selon Luc, avec la parabole du Samaritain (Lc 10, 29-37), ce prochain, c'est tout homme, puisque c'est un homme. Je t'aime ou veux t'aimer, prochain, parce que tu es autant que moi créé image du Dieu de vie. Aimer, parce que l'homme. *Si c'est un homme*, objecteraient certains ? Alors, aimer, c'est foi en l'homme, peut-être sans aucune preuve, en l'humanité précise de celle-là, aussi défigurée qu'elle soit par son péché.

Pour quoi ? L'amour n'explique rien, mais c'est la seule réponse. C'est là la « venue » qu'appelle Jacques Vandenschrick, dans *Pour quelques désarmés*. Cette prose lyrique de huit pages, que j'aurais voulu citer en entier, sait le « malheur », les « larmes », la « fatigue ». Mais les « foules fraternelles », espèrent les « demeures », attendent le « chant aux yeux fermés ». Se souvenant de la béatitude (« nous sommes affamés d'un matin enfin juste »), on décide et se promet un choix « d'éternité ». Celui-là seul pour user, déchirer le temps qui nous empiège : alors, « nous découragerons la mort ». Promesse que l'on se fait une fois ou bien cent fois par jour : non, mort, tu n'auras pas en moi le dernier mot, même si peut-être l'avant-dernier. Enfin on passe, à la dernière ligne du poème, du futur au présent : « voilà que » ce que *nous* désire leur est donné, « voilà que » *nous* aimons. « Tu aimeras », un ordre et un impératif, mais que le Christ formule au futur, signe que c'est d'abord une promesse qu'il nous fait : un jour – demain ou dans dix ans, je ne sais pas mais je l'espère –, un jour : tu aimeras.

ENVOI

inconsolable justice

> C'est sa façon d'attendre que se déchire la durée, que vienne peut-être en elle, inespéré dans l'obscur des jours, le dieu par-devant le temps, ses yeux d'inconsolable justice.
>
> JACQUES VANDENSCHRICK, *Livré aux géographes*.

*

Un jour *aimer* et *vivre* seront de parfaits synonymes, nos lieux communs, que l'on conjuguera à l'indicatif et au présent. Pour cela, un troisième terme, qu'il faudra bien finir par prononcer, porche d'entrée qu'il faudra bien oser un jour. Sans doute c'est l'impossible, parfois l'insoutenable : *pardonner*. Pardon : je parle ici non de celui qui nous est offert toujours par le Seigneur lorsque nous sommes en faute, je parle de celui qui nous est demandé et que le même Seigneur nous demande de donner.

Parler, à la fin, de ce pardon n'est pas nier le besoin de la justice ni la nécessité du jugement. Parce que cette faim est profond ancrée dans notre cœur, le Salut que nous appelons ne peut pas en faire l'économie. Pour le coup, ce ne serait pas juste si la *justice* de Dieu n'avait rien à voir avec celle de l'homme. Le mot serait impropre et il faudrait y renoncer : vaine notre attente, « inconsolable » notre faim. Pourtant *justice* est un des attributs du Dieu de la révélation chrétienne. Souvenons-nous de la règle de trois de toute analogie, appliquons-la encore : Dieu est juste (il punit ou récompense) ; Il ne l'est pas (car il oublie toutes les fautes ?) ; Dieu est plus que juste (peut-être que là se trouve le pardon ?).

Les Évangiles insistent sur la portée et la signification proprement juridiques de la Passion, mettant en jeu les prophéties de

Zacharie (Za 12, 10, cité en Jn 19, 37) ou d'Isaïe (Is 52, 13-53 chez Luc). Prenons saint Luc : en voyant le crucifié, en reconnaissant son innocence, celui que l'on appelle *bon larron* comprend du même coup et il confesse : ce qui lui arrive à lui, pécheur et criminel, est juste (Lc 23, 40-43). De même chez Isaïe, les foules devant le Serviteur souffrant perçoivent en même temps : l'innocence du serviteur, leur culpabilité à eux et le Salut possible. Le crucifié, c'est jugement : voilà ce que fait à l'homme le péché ; et c'est proposition d'une prise de conscience et la possibilité du repentir (et sans doute, on l'espère, la justice des hommes participe à la justice de Dieu : entendre une plainte, nommer les choses, décider une peine proportionnée).

Sur la croix, il y a le « c'est trop injuste » d'un pourquoi sans réponse. Mais le Crucifié, c'est aussi, le troisième temps, celui de notre justification à tous, par-delà tous nos péchés. Le « plus que juste », décidément, c'est le pardon, qui s'accomplit par et dans le Fils de l'homme. Il nous y invitait dès le début sur la montagne des Béatitudes, dans son premier enseignement (Mt 5, 20.38-40). Si la justice de Dieu peut être dite « inconsolable » par le poète, c'est sans doute que l'homme ne saurait y subvenir. Alors, Jésus en croix ne dit pas : « je leur pardonne », le pardon pour ses bourreaux, il le demande au Père (Lc 23, 34). En cela, il assume qu'il y a pour l'homme de l'impardonnable… pour nous en délivrer. Nous libérer : pas seulement de ce qui est impardonnable, mais aussi du fait qu'il y ait pour l'homme de l'impardonnable. Au Père de s'en charger, et à l'Esprit du Fils de l'accomplir dans et pour l'homme. Jésus l'exige ailleurs et si souvent, notre pardon, entendons-le, il doit venir « du fond du cœur » (Mt 18, 35) : *pardon* ne peut venir que depuis ce « lieu » en nous que je disais : là où en nous le Fils de l'homme fait habiter la Trinité, là d'où il déploie et accomplit son *vivre* et son *aimer*.

Le Christ ajoute encore : « ils ne savent pas ce qu'ils font » (Lc 23, 34). Ce sont de simples hommes, le pire, ils le font, mais c'est par ignorance, et le meilleur, ils en seraient aussi capables, ils le seront, quand ils sauront. Oh, s'ils savaient déjà ! Paul poursuit : « ils n'auraient pas crucifié le Seigneur de gloire » (1 Co 2, 8). Dans « Père, pardonne-leur », Jésus parle en tant qu'homme. Dans « ils ne savent pas », je crois qu'il parle en tant que Dieu. Dieu seul connaît et sonde les reins, nos cœurs, seul Dieu en Jésus Christ sait « ce qu'il y a dans l'homme » (Jn 2, 25). Nous, nous ne savons pas, nous croyons ou voulons croire : s'il y a du pire, nous espérons le meilleur. Voilà, peut-être, ce qu'*aimer* veut dire, tout *espérer*, tout *patienter* (1 Co 13, 4-8).

Dans tout cela, celui ou celle qui a connu l'impardonnable, ne peut qu'attendre et appeler que « vienne » ce « dieu par-devant le temps ». Et c'est vertu, coûteuse assurément, que s'entraîner à désirer la conversion de l'autre, à que s'entraîner à désirer la réconciliation : c'est là notre conversion, que demander d'en être un jour rendu capable ! Qui le sera ? Pour qui est-ce possible ? Personne que Dieu devenu homme. Dans le Notre père nous disons : « … comme nous pardonnons nous-même » : c'est un encouragement que nous nous adressons, une manière de dire notre espérance de Quelqu'un.

« Quelqu'un plus grand enfin », enfin plus grand et important que n'importe qui, n'importe quoi dans mon histoire. « Quelqu'un plus grand enfin » que ma colère et ma douleur. Celui qui seul rend capable d'assumer les derniers mots de Job (Jb 42, 6) : « je me reprends et je renonce à la poussière et à la cendre ». La traduction de ce verset est difficile, et celle que je propose n'est pas majoritaire, mais elle a de toutes ma préférence : Job, parce que Dieu a répondu sans lui répondre, parce qu'il a pu dire sa plainte et sa colère, parce que Dieu a entendu même s'il n'a pas répondu, Job enfin peut renoncer à la douleur. « Quelqu'un plus grand » aussi que moi. Celui à qui, en qui je pourrai dire un jour la louange, quand il n'y aura plus que Lui par moi. Un jour, ce sera vrai, enfin totalement, dans l'éternel présent je pourrai dire sans rien me réserver et sans mentir : *alléluia.*

Auteurs cités

Paul CELAN (1920-1970) – Juif germanophone, originaire de Bucovine (Roumanie), il passe la guerre dans un camp de travail tandis que ses parents meurent dans les camps. Sa poésie, âpre, violente et difficile, est une écriture *d'après* Auschwitz, dans la langue des bourreaux à ré-inventer. Chez lui, Dieu est *Niemand* : personne. Le terme est volontairement ambigu, mais, pour Celan, Dieu est à jamais l'Absent. Il se donne la mort en se jetant dans la Seine en 1970. Le bouleversant « Tenebrae » figure dans le recueil *Grille de parole,* il est repris dans : *Choix de poèmes réunis par l'auteur*, traduction et notes de J.-P. Lefebvre (Gallimard, coll. « Poésie », 1998).

Paul CLAUDEL (1886-1955) – Poète, dramaturge et diplomate. Son théâtre, baroque, est plus proche de Shakespeare que de Racine. *Partage de midi* (1905, créée en 1948) est sa rencontre avec une femme « impossible » sur le bateau qui le ramène en Chine, après une tentative manquée dans la vie religieuse : « j'ai été trouvé manquant » avoue Mesa, double de l'auteur. Homme ombrageux et avare, il sera conduit par cet amour coupable de tout donner et se donner. La même histoire donnera lieu au prodigieux *Soulier de Satin* plusieurs années après. Claudel a fait siens les mots de saint Augustin : Dieu se sert de tout, même du péché. La pièce est ici citée dans sa version pour la scène publiée dans : *Théâtre*, vol. 1, Gallimard, coll. « Bibliothèque de La Pléiade », (éd. 1948).

Antoine Emaz (1955-2019) – Ce professeur de lettres est un poète du prosaïque et du plus quotidien. Notant avec une grande sensibilité les variations les plus infimes du dehors, dans sa beauté comme dans sa rudesse, il excelle à transposer et susciter les émotions du « dedans », en disciple de Pierre Reverdy et d'André du Bouchet. *Plaie* (Tarabuste, 2009) est la chronique poignante d'un mal qu'il ne peut ou ne veut pas nommer, permettant à tout lecteur de faire de ses mots les siens. Trois anthologies permettent d'approcher son œuvre : *Caisse claire, Poèmes 1990-1997* (Points, coll. « Poésie », 2006, postface de J.-P. Courtois) ; *Sauf* (Tarabuste, coll. « Reprises », 2011) et *De peu* (Tarabuste, coll. « Reprises », 2014).

Philippe Jaccottet (1925-2021) – Agnostique, il fait du « doute » et de l'incertitude un moteur de son écriture. Jaccottet affirme la beauté de la vie humaine, malgré sa fragilité et le malheur toujours présents. Les derniers mots de son dernier recueil, paru juste après sa mort, *La clarté Notre-Dame* (Gallimard) ont une valeur testamentaire : devant l'évidence et la violence de la mort, il ose un « et pourtant… ». Les citations sont tirées de ses *Œuvres*, Gallimard, coll. « Bibliothèque de La Pléiade », 2014.

Victor Malzac (1997-) – Jeune poète qui a publié quatre recueils à ce jour, dont *Dans l'herbe*, prix de la vocation 2021 (Cheyne). Son écriture, d'une hésitation maîtrisée, n'est pas fondée sur l'image mais sur le son, moins visuelle que rythmique. Il excelle à transcrire, en sismographe du dedans, les embardées et les ralentissements d'une langue qui cherche ses mots et tâtonne dans la mise au jour et au monde : d'elle-même, de celui qui parle, de son désir.

Jean-Michel Maulpoix (1952-) – Représentant et théoricien d'un courant poétique en renouveau à la fin du XXe s., qu'il appelle le « lyrisme critique » : contre un formalisme jugé desséchant, il s'agit de ne plus renoncer à parler depuis le « moi » du poète, tout en se méfiant des excès d'un certain post-romantisme. *Émondes* est paru chez Solaire en 1981.

Damien Murith (1970-) – Suisse, romancier et poète. *Le deuxième pas*, paru chez Labor et Fides en 2020, forme, prose après prose lapidaire, comme le journal d'une maladie et d'une douleur chroniques. « Le deuxième pas » du titre est celui que le poète longtemps ne parvient pas à faire. Son recueil et sa langue, bouleversante d'honnêteté dit en même temps la faiblesse, l'usure et le courage dont l'homme est capable.

Marie Noël (1883-1967) – De son vrai nom Marie Rouget. Frappée dans sa jeunesse par la mort de son frère et l'abandon de l'homme qu'elle aimait, elle a longtemps connu l'angoisse, le désarroi et même le désespoir. Ses *Notes intimes* qu'elle a longtemps hésité à publier, paraissent en 1959 (Stock), sont dédiées aux « âmes troublées ». On y découvre une femme ardente, la profondeur de sa lutte avec le « mal-Dieu ». C'est aussi une femme entière, espiègle qui, aidée par l'abbé Mugnier, a peu à peu appris à être libre. L'aide qu'elle continue d'apporter à beaucoup est sûre bien qu'à bas-bruit. Son procès en béatification est en cours.

Valère NOVARINA (1942-) – Sans doute l'un des dramaturges les plus novateurs de la scène contemporaine. Lecteur de la Bible, de la théologie et des mystiques, Novarina propose dans son théâtre une mise en espace de la Parole et une critique des mauvais usages de la langue avec un humour parfois féroce. Dans ce qui est presque une liturgie célébrant l'incarnation du Verbe, il appelle et espère l'homme : cet « animal imaginaire » qui « n'a pas encore été capturé ». *Entrée perpétuelle* (version pour la scène du *Vivier des noms*) figure dans *Voie négative*, P.O.L., 2017.

Gérard PFISTER (1951-) – Poète, traducteur, il crée en 1975 les éditions Arfuyen où il publie notamment la tradition poétique et spirituelle de la vallée rhénane. Selon l'adage des *Amis de Dieu* disciples de Maître Eckhart, il est au moins autant *maître de lecture* que *maître de vie*. Son œuvre au « oui » farouche et limpide, musicale, rythmique et foisonnante, témoigne pour la plus haute joie. Après les trois oratorios de *La représentation du corps et du ciel* (Arfuyen, 2011-2014) et *Ce que dit le* Centaure (2017), il a publié entre 2019 et 2023 *Les Jeux de la lumière et des voix*, dont le second volume est paru sous le titre *Hautes Huttes* en 2021.

Pierre Reverdy (1889-1960) – Auteur majeur par son œuvre comme par son influence, sûre et discrète, aujourd'hui encore. Ami des peintres, notamment des cubistes, il produit une œuvre novatrice et exigeante, en vers libres comme en prose. Sa monotonie peut dérouter, et elle a contribué sans doute à le faire oublier, aussi son retrait près de l'abbaye de Solesmes après sa conversion, qu'il qualifiera plus tard de « pas de recul devant la vie ». Pourtant, ses poèmes « tiennent » dans leur indéniable beauté. On peut lire ses premiers recueils, dont *La lucarne ovale* (1916) dans *Plupart du temps*, Gallimard, coll. « Poésie ». Les références sont données dans ses *Œuvres complètes*, Flammarion, coll. « Mille & une pages », 2010.

Jacques Vandenschrick (1953-) – Belge, il poursuit depuis les années 1980 une œuvre discrète et de première valeur. Sa langue, austère, habitée par une « mélancolie métaphysique », emprunte volontiers à l'imaginaire biblique. Souvent élégiaque, forgeant des images aussi belles qu'inattendues, à la fois spirituelles et sensuelles, sa poésie est celle d'un mystique. Il est publié intégralement par Cheyne : *Pour quelques désarmés* en 1997, *Livré aux géographes* en 2013. Quatre de ses premiers recueils ont été repris dans *Avec l'écarté et autres poèmes*, éd. Espace Nord, 2021.

Table des matières

INTRODUCTION. *LA MAIN QUI TREMBLE* 11

(ANTI-)HÉROS

Cela du moins est à moi ? 17

Comme un homme 23

COLÈRE

Prie-nous, Seigneur 33

Lieu commun 39

La colère innocente 44

SENS INTERDIT

Théologie pratique 53

Dieu contre Dieu 60

Parce que rien 67

TU AIMERAS

Parce que Dieu 77

Place muette 85

Décourager la mort 92

ENVOI. *INCONSOLABLE JUSTICE* 99

Auteurs cités 107

Imprimé en France

Achevé d'imprimer
sur les presses de la Nouvelle Imprimerie Laballery
58500 Clamecy

Composition : PCA/CMB

N° d'imprimeur : 504701
Achevé d'imprimer : mai 2025
Dépôt légal : mai 2025